मेरी कलम से

गुलशन चमोली

ISBN 979-888503461-6

इस पुस्तक की कविताएँ जीवन के अनुभव से प्रेरित हैं। मैंने बस अपने अनुभव को शब्दों में समेटने की कोशिश की है। मुझे लगता है कि मेरे पाठक इसे वास्तविक जीवन के अनुभव और विचारों से संबंधित पाएंगे, लेकिन जैसा कि यह मेरी पहली कोशिश है, इसलिए मुझे पता है कि कुछ गलतियाँ हो सकती हैं और इसके लिए मुझे क्षमा करें, मुझे आशा है कि आपको यह पसंद आएगा।

शुक्रिया
गुलशन चमोली
लेखक

क्रम-सूची

प्रस्तावना

ये किताब मेरी लिखी हुई कुछ कविताओं से परीपुरन है जिसमे मैंने कोशिश की है जिंदगी की कुछ बातें बताईं की मेरी किताब में रिश्ते, भाव, जिंदगी की जदोजहद तथा उन पर लिए गए हमारे निर्णय: बताए हैं . और उन कविताओं के रूप में डालने का प्रयास किया है मैं आशा करता हूं कि आपको ये कविताएं पसंद आएंगी हलांकी मैं छोटा सा कवि हूं इसलिय अगर आपको मेरी कविताओं में गलतियां दिखें तो कृपा मुझे माफ़ किजियेगा

भूमिका

गुलशन चमोली

नमस्कार पाठकों,

जब मैं अपने कॉलेज के प्रथम वर्ष में था तब मैंने कविताएं और विचार लिखना शुरू कर दिया था। मेरे लेखन कौशल के लिए मेरी प्रेरणा मेरे पिता हैं, वे कम उम्र में भक्ति गीत लिखते थे, इसलिए मेरे लिए यह पहल थी एक दिन मैंने सिर्फ एक गीत का एक मजेदार संस्करण बनाया मेरी माँ ने कहा कि मैं वहाँ से बहुत अच्छा था मुझे वहाँ पता चला हो सकता है मुझमें एक लेखक हो।मुझे इतने साल हो गए हैं तो मेरी एक बहन ने मुझसे कहा कि तुम अपनी कविताओं को प्रकाशित करो और मुझे आशा है कि लोग इसे पसंद करेंगे। तो मैंने अब यह कर लिया है, आशा है कि आपको ये कविताएँ पसंद आएंगी जो मूल रूप से जीवन पर आधारित हैं।

आमुख

खुल रही है किताब एक

की इसमे लम्हे कैद है

झकजोड़ दे जो दिलों को

ऐसे लम्हे कैद है

की हैं कुछ सच्चाइयां इसमे

तो फसाने भी है

धड़कन रुक ना जाए कहीं इसलिय सांसे मुस्तैद हैं

पावती (स्वीकृति)

इस किताब मैं मैंने जिंदगी से सीखे हुए अनुभव और सिख से प्रेरित होके कुछ कविताएं लिखी हैं जिन्के लिए मेरे परिवार ने मुझे प्रेरित किया है क्योंकि मेरे पिता भी एक अंशकालिक लेखक है तो शायद उनका ये गुण मेरे अंदर भी आ गया तो अपनी इस पुस्तक का श्रेय अपने परिवार को देता हूं!

1.
श्रीमान वीरेंद्र प्रसाद चमोली(पिताजी)

2.
श्रीमती गोदांबरी देवी(माताजी)

3.
श्रीमान नरोत्तम प्रसाद पंत (जीजाजी)

4.
श्रीमती दीपिका पंत(दीदी जी)

1. धड़कनो का शोर

होंठ हैं खामोश लेकिन
धड़कनों में शोर मचा है
जाने किसने और कैसे
ये खेल रचा है
कहना चाहते हैं बहुत कुछ उनसे
बोलने की हिम्मत जुटा लेते है
फिर उनके सामने आते ही
बात को घुमा लेते हैं
जाने कब आएगा वो दिन
जब ख्यालों में जो कई बार कह चुके
उनसे हकीकत में के पाएंगे
कितने खास है वो हमारे लिए
ये उन्हें बयां कर पाएंगे
सच कहते है इश्क खेल ही निराला है
पास हो महबूब तो जन्नत
और दूर जाना उनका एक सजा है

2. "जिंदगी एक संघर्ष"

""माना की कल जरुरी है, मगर आज को न भूलिए!
कल के भविष्य को, आज से ना तौलिये!!
होगा आगे क्या, ये किसको है पता!
तो इस जद्दोजेहद में जिंदगी को ना भूलिए !!
जिंदगी के हर हिस्से में ना जाने कितने रंग हैं !
और हर रंग का जनाब अपना एक ढंग है !!
की ढंग इस्का अलग है हर वेश या रूप में !
जैसे खड़ा हो वृक्ष कोई कड़कती हुई धूप में!!
की इसके हर रंग को मस्ती में सजा लिजिये !
जाने कब आ जाए मौत इसलिये हर पल का मजा लिजिये !!
की जिंदगी फसाना है बीते हुए कल का !
ये एक तराना है आने वाले पल का!!
समझिये है कश्मकश को दोस्तो !
की जिंदगी संगीत है कल आज या कल का !!
बहुत से रूप है जिंदगी के!
और हर रूप का अलग आभास है !!
बचपन है एक अदभुत खेल !
और जवानी एक आस है!!
की स्वाद है इसके अनेक अलग -अलग सी प्यास है!
कभी है आम सी मीठी!
और कभी नीम की खटास है!!
की है गर मौत मंजिल तो जिंदगी प्रयास है !
है अनेको पल इस्मे या हर पल में काश है!!

यादों का पहरा है किसी में तो !
किसी में भविष्य की आस है !!
कभी है ढेरों गम ,तो कभी खुशी आस पास है !!
सच है सब कुछ यहां ,पर जाने किसकी तलाश है !!
मुश्किल है समझाना बड़ा मेरा तो सरल प्रयास है"

3. वक़्त कुदरत का (कोरोना महमारी)

"है सब कुछ सुनसान ,ये कैसी अजीब सी माया है!
इंसान को सबक सिखाने ,वक्त कुदरत का आया है !!
हो गए दायरे सिमित , बन रहा न कोई निमित!
हवा को भी जिसने पहरेदार बनाया है !
इंसान को सबक सिखाने वक्त कुदरत का आया है!!
हो गई हर सांस बोझल , हर नजारा आंखों से ओझल !
शिकारी को कैद और शिकार को आजाद बनाया है !!
इंसान को सबक सिखाने , वक्त कुदरत का आया है!!
देख कर ये नजारा बेताब हो चली थी ज़िंदगी!
फिर वो राहत लेकर आए , देखकर उनका मनोबल थर्रा गए डर के साये !!
की अंधेरे में जलती एक रोशनी से हैं वो लोग!
जब सोते हैं हम चैन से तब भी जगते है वो लोग (मेडिकल स्टाफ) !!
की ना है संगी साथी ना हमारे रिश्तेदार हैं !
किंतु इस डरावनी रात के यही तो पहरेदार है!!
करने को दूर हमारी तकलीफे ,ये हमसे ही पत्थर खाते हैं !
और रहे महफूज वतन हमारा ,इसलिय शहीद हो जाते हैं (सभी सशस्त्र बल) !!
की है जिद इनकी भी लडने की, कहां ये दहशत को मानते हैं !
मदद कर रहे हैं जिन्की है ,वो किस कौम का कहां ये जानते हैं!!
सच कहूं तो इंसानियत के राज, हमे इन्होंने ही बताए हैं!

लगता है करने को रक्षा हमारी, स्वयं भगवान त्रिवस्त्रो में आए है!!
पर देखो कुछ लोगो की बर्बरता ,की इससे भी मुख फेर रही है!
रक्षा की इन दूतों को ,क्रोध की निगाह से टेर रही है!!
की वक्त है अभी भी संभालने का, अन्यथा प्रकृति फिर भयावह खेल रचेगी !
सोच कर कांप जाती है रूह, फिर कैसे ये रात कटेगी!!"

4. मां (जिंदगी का आधार)

"दुख होता है मुझे तो , आंसू मेरे अपनी पलकों में सजा लेती है!
मेरी एक हंसी के लिए ,अपनी सारी खुशियां मेरे दामन में फैला लेती है!!
जाने क्या शक्ति है मेरी मां के पास!
की मेरे बोलने से पहले वो सब कुछ जान लेती है!!
बचपन में जब गलती करता था ,तो सब से मुझे बचा लेती थी!
और पापा से न पड़े मार ,इसलिए मुझे अपने आंचल में छुपा लेती थी!!
चालाक था मैं अपनी गलतियां छुपा लेता था,फिर जाने कैसे उनका पता लगा लेती थी!
काम करती है वो सारा घर का,पर कभी थकती नही!
सच है संसार में ,मां से बड़ी कोई शक्ति नहीं!!
इस शक्ति के बारे में , मैं तुम्हे बतलाता हूं!
प्रबल तो नही इतना , फिर भी तुम्हे समझता हूं!!
की करुण पुकार से संसार की, वो भावुक सी हो जाती है !
संसार की ये शक्ति नाजुक सी हो जाती है!!
रहती है जो संतान के लिए , जो प्रेमपूर्ण और कोमल!
शत्रु के लिए वो ही चाबुक सी हो जाती है!!
जान गया हूं इस रहस्य को , की क्यों भगवान धरती पर आते है!
जगत कल्याण तो बहाना है ,असल में मां की ममता पाना चाहते है!!
मां के इस रहस्य को , अभी तक कोई जान न पाया!

खुद उसने भी अभी तक, मां का कोई पार न पाया !!

प्रेम , त्याग और ममता का भंडार है मां,ये तो जानते है सारे!

पर असल में कितने रूप है मां के ,आज तक ये कोई जान न पाया!!

सभी मांओं को समर्पित"

5. दोस्ती (एक प्यारा रिश्ता)

जानता है वो मुझे मुझसे ज्यादा!
की मेरी गलतियों को तुरंत भांप लेता है!!
दर्द भरी इस दुनिया की गली से दूर!
मरहम की गली में मेरा दोस्त रहता है!!
तारीफ तो जैसे होती ही नहीं उससे मेरी!
हर वक्त बेजत्ती करता है लेकिन जानता हु मै!!
की मेरी पीठ पीछे वो मेरे लिए पूरी दुनिया से लड़ता है!
हूं मैं अच्छा या बुरा ,इस बात से कोई फर्क नहीं उसे!
मेरी तारीफ वो हर दूसरे इंसान से करता है!!
की गरजते हुए तूफान में सहारे वाली वो कश्ती है!
और बिना बोले जो समझ जाए दिल की बात इसी का नाम तो दोस्ती है!!
रिश्ते आते आसमान से बनकर !
जोड़ियां भी वो खुद ही बनाता है!!
सिर्फ एक रिश्ता दोस्ती का !
जिसे इंसान खुद बना पाता है!!

की मेरे से ज्यादा खुशी
उसे मेरे खुश रहने पर होती है
और गम का साया पड़े जो मुझपर
तो मुझसे ज्यादा उसकी आंख रोती है
की हो गर मुफलसी तो भी
अमीरी सा आलम जगा देती है
और ये दोस्ती ही है जनाब
जो गमों को लात मार कर भागा देती है

की चलती रहेगी जिंदगी की भाग दौड़
इससे थोड़ा वक्त चुरा लीजिए ।कुछ पल ही सही जिंदगी के ।इसे यारों के साथ बिता लीजिए

6. स्त्री एक वरदान

रो रहा था इंसान एक, की ऐसा क्या अपकर्म किया!
मेरी सुंदर सी दुनिया में हाए बेटी ने जन्म लिया!!
कहता बेटे की चाह में मैंने थे ये धर्म किए!
वंश आगे बढ़े मेरा इसलिए थे सुकर्म किए!!
हर स्थल पे ईश्वर के , मैने था पुण्य कर्म किया!
हो गए वो सब निष्फल, क्यों बेटी ने जन्म लिया!!
सुनकर उसकी ये बातें समझा था मैं!
की उसने था पुण्य कर्म किया!!
सौभाग्य जगा था उसका !
साक्षात लक्ष्मी ने था जन्म लिया!!
रे मूर्ख अज्ञानी तेरी, ये सोच कितनी छोटी है!
अरे भाग्य से होता बेटा,सौभाग्य से बेटी होती है!!
समझाना चाहा उसे बहुत, पर सोच तो अपनी होती है!
होता है बेटा बुढ़ापे का सहारा , तो बेटी इज्जत होती है!!
मां पिता पति भाई, सबके लिए प्यार होता है!
स्त्री का मां स्वरूप पुत्र का संसार होता है!!
बरसो से स्त्री कुल की रही है बस यही व्यथा!
इसी सोच के कारण स्त्री को मिलती रही सजा!!
की स्त्री और पुरुष संसार में, एक दूसरे के पूरक हैं!
जो करे इनकार इस बात से, वो सबसे बड़ा मूर्ख है!!
गर है पुरुष आकार तो ,स्त्री जग का आधार है!
शक्ति है स्त्री जग की जिसके बिना जीवन नश्वर नाकार है!!
की है गर पुरुष पटरी तो स्त्री लोहपदगमि है !
पुरुष के दुख सुख में ,वो उसकी सद्गामिनी है!!
स्त्री पुरुष के समान भाव से ,जग सुचारू रूप से चलता है!

पुरुष के हाथ में कर्म, तो स्त्री की कोक में भविष्य पलता है!!
आओ मिलकर खतम करें,भ्रूण हत्या के इस दानव को!
मानवता का पाठ पढ़ाए , हम सब मिलकर मानव को!!

बस इन्ही कुछ कविताओं के साथ मैं अपनी इस पुस्तक को फिलहाल विराम देता हु लेकिन ये खतम नही हुई है जिंदगी और भी अहसास भरी कविताएं लेकर मैं फिर आऊंगा और एक और किताब लिखूंगा पर उसके लिए आपके साथ और प्यार की आवश्यकता है मुझे कृपया इस पुस्तक। को पढ़े और मुझे मेरी त्रुटियों के बारे में बताए आप मुझे मेरे ईमेल एड्रेस पर मैसेज कर सकते है जो है

ganeshchamoli4567@gmail.com

मेरी कविताये सुन के लिए आप मेरे यूट्यूब चैनल poetry zone को भी सब्सक्राइब कर सकते हैं जिस्का लिंक https://youtube.com/channel/UC2AiITxxIAOGPXT-auneH6g

कृपया अपना समर्थन दिखाएं

धन्यवाद

जय मां भारती

जय उत्तराखंड

Printed by Libri Plureos GmbH in Hamburg,
Germany